Dein Stress, deine Regeln!

Finde deinen Flow

Von derselben Autorin

Dein Wert bist du

Nicole Jung

Dein Stress, deine Regeln !

Finde deinen Flow

Verlag: BoD · Books on Demand GmbH, Überseering 33, 22297 Hamburg, bod@bod.de
Druck: Libri Plureos GmbH, Friedensallee 273, 22763 Hamburg

© 2025 Nicole Jung
feedback@nicole-jung.de

ISBN: **978-3-7693-9813-7**

Nicole Jung ist eine renommierte Expertin für Stressbewältigung und Achtsamkeit. Mit langjähriger Erfahrung als Coach (Hynose und systemisch sowie ordnungstherapeutisch) hat sie unzähligen Menschen geholfen, einen gesünderen und ausgeglicheneren Lebensstil zu führen. In ihrem Buch, **"Dein Stress, deine Regeln !",** teilt sie praktische Tipps und wissenschaftlich fundierte Techniken, um in einer hektischen Welt innere Ruhe zu finden und langfristig zu bewahren.

Für alle, die inmitten des täglichen Trubels nach einem
Moment der Ruhe suchen. Möge dieses Buch helfen, deinen
inneren Frieden und Flow zu finden und zu bewahren.

In Liebe und Dankbarkeit gewidmet meiner Familie und
meinen Freunden, die mich stets unterstützt und inspiriert haben.

Inhaltsverzeichnis

Vorwort

In unserer modernen Welt sind Stress und Hektik allgegenwärtig. Viele von uns – mich eingeschlossen – hetzen von einem Termin zum nächsten, immer auf der Suche nach dem perfekten Gleichgewicht zwischen Beruf, Familie und persönlichen Interessen. Und das ist alles andere als leicht! Mit drei Kindern und einem Vollzeitjob weiß ich, von wovon ich hier schreibe.

Doch oft verlieren wir uns dabei selbst und vergessen, wie wichtig es ist, innezuhalten und durchzuatmen. « Dein Stress, deine Regeln » ist nicht nur ein Aufruf zur Veränderung, sondern auch eine Einladung, die Kontrolle über dein Leben zurückzugewinnen.

Die Strategien und Einsichten, die in diesem Buch präsentiert werden, sollen dir helfen, die Ursachen deines Stresses zu erkennen und effektive Wege zu finden, um damit umzugehen. Es ist nie zu spät, um einen Schritt zurückzutreten, durchzuatmen und die eigene Lebensqualität zu verbessern.

Denke daran, dass du nicht allein bist auf diesem Weg. Viele Menschen kämpfen mit ähnlichen Herausforderungen, und es ist in Ordnung, Hilfe zu suchen und Unterstützung anzunehmen. Indem du aktiv an deiner mentalen und emotionalen Gesundheit arbeitest, schaffst du Raum für Freude, Erfüllung und innere Ruhe.

Lass uns gemeinsam den ersten Schritt in eine stressfreiere Zukunft gehen. Du hast die Kraft, dein Leben zu verändern – fang heute an!

<u>Zu Beginn eine kurze Geschichte über Stress</u>

Es war einmal ein junger Mann namens Max, der in einer großen Stadt lebte. Max war ehrgeizig und arbeitete hart in einem anspruchsvollen Job. Jeden Tag hetzte er von einem Meeting zum nächsten, jonglierte mit Deadlines und versuchte, den Erwartungen seines Chefs gerecht zu werden. Die ständige Hektik und der Druck, immer perfekt zu sein, begannen, ihren Tribut zu fordern.

Eines Abends, nach einem besonders stressigen Tag, saß Max in seiner kleinen Wohnung und starrte auf den Bildschirm seines Laptops. Die To-Do-Liste schien endlos, und der Gedanke an die bevorstehenden Aufgaben ließ ihn nicht zur Ruhe kommen. Er fühlte sich überfordert und ausgebrannt. In diesem Moment beschloss er, einen Spaziergang zu machen, um frische Luft zu schnappen und seinen Kopf freizubekommen.

Während er durch den nahegelegenen Park schlenderte, bemerkte er die Schönheit der Natur um sich herum. Die Vögel sangen, die Sonne ging langsam unter, und die Menschen um ihn herum schienen entspannt und glücklich zu sein. Max hielt an, atmete tief ein und ließ die frische Luft seine Lungen füllen. Plötzlich wurde ihm klar, dass er sich viel zu sehr auf die Arbeit konzentriert hatte und das Leben an ihm vorbeizog.

In den folgenden Wochen begann Max, kleine Veränderungen in seinem Alltag vorzunehmen. Er setzte sich feste Zeiten für Pausen, praktizierte Achtsamkeit und fand Freude an einfachen Dingen wie dem Lesen eines Buches oder dem Kochen eines neuen Rezepts. Langsam aber sicher lernte er, den Stress zu managen und sich nicht von ihm überwältigen zu lassen.

Max erkannte, dass es wichtig war, auf sich selbst zu achten und das Gleichgewicht zwischen Arbeit und Freizeit zu finden. Mit der Zeit wurde er nicht nur produktiver, sondern auch glücklicher. Der Stress war zwar nicht vollständig verschwunden, aber er hatte gelernt, ihn zu kontrollieren und ihm nicht die Macht über sein Leben zu geben. Und so lebte Max fortan mit einem neuen Bewusstsein für das, was wirklich zählt – das Leben in vollen Zügen zu genießen.

Schluss mit dem Wahnsinn – so holst du dir dein Leben zurück! "

In unserer hektischen Welt, in der Termine, Verpflichtungen und Erwartungen unaufhörlich auf uns einprasseln, scheint es, als wäre Stress zu einem allgegenwärtigen Begleiter des modernen Lebens geworden. Wir rennen förmlich von einem Moment zum nächsten, ständig bemüht, den Anforderungen gerecht zu werden, sei es im Beruf, in der Familie oder im sozialen Umfeld. Doch während wir uns unermüdlich bemühen, den ständigen Druck zu bewältigen, übersehen wir oft die Folgen, die dieser Stress auf unsere Gesundheit und unser Wohlbefinden haben kann.

Dieses Buch ist eine Einladung, eine tiefergehende Auseinandersetzung mit dem Thema Stress und Entspannung zu führen. Es ist ein Leitfaden für all jene, die sich nach mehr Ruhe, Gelassenheit und Ausgeglichenheit in ihrem Leben sehnen. Wir werden gemeinsam erkunden, wie Stress entsteht, wie er sich auf unseren Körper und Geist auswirkt und vor allem, wie wir effektive Strategien zur Stressbewältigung entwickeln können.

Denn trotz der unvermeidlichen Herausforderungen des Lebens gibt es Wege, um den Stress zu reduzieren und eine tiefere Ebene der Entspannung zu erreichen. Wir werden uns mit einer Vielzahl von Techniken und Methoden befassen, angefangen bei einfachen Atemübungen und Meditationstechniken bis hin zu praktischen Tipps

zur Stressbewältigung im Alltag. Dieses Buch ist nicht nur ein
Ratgeber, sondern auch ein Begleiter auf eurer persönlichen Reise zu
mehr Gelassenheit und Wohlbefinden. Es lädt euch ein, innezuhalten,
euch selbst besser kennenzulernen und die Kraft der Entspannung in
eurem Leben zu entdecken.

Lass uns gemeinsam aufbrechen zu einer Reise, die uns
zurückführt zu innerer Ruhe, Ausgeglichenheit und einem tieferen
Verständnis für uns selbst. Möge dieses Buch dir helfen, den Stress
zu meistern und ein erfülltes, entspanntes Leben zu führen und deinen
persönlichen Flow zu finden !

Die Natur des Stresses: Freund oder Feind?

Willkommen im Chaos – Willkommen im Stress!

Stress kennt jeder – ist eine natürliche Reaktion des Körpers auf Herausforderungen oder Bedrohungen. Ursprünglich als Überlebensmechanismus entwickelt, bereitet Stress den Körper darauf vor, schnell auf gefährliche Situationen zu reagieren – bekannt als "Kampf-oder-Flucht-Reaktion". In der heutigen Welt sind die Auslöser für Stress jedoch meist nicht lebensbedrohlich, sondern eher psychologischer Natur, wie etwa Arbeitsdruck, finanzielle Sorgen oder zwischenmenschliche Konflikte.

Physiologische Reaktionen auf Stress: Wenn wir Stress empfinden, schüttet der Körper eine Reihe von Hormonen aus, darunter Adrenalin und Cortisol. Diese Hormone bewirken unter anderem:

1. **Erhöhte Herzfrequenz**: Um mehr Blut zu den Muskeln zu pumpen.
2. **Erhöhte Atemfrequenz**: Um mehr Sauerstoff aufzunehmen.
3. **Erhöhter Blutzuckerspiegel**: Um mehr Energie bereitzustellen.
4. **Anspannung der Muskeln**: Um auf mögliche körperliche Aktivitäten vorbereitet zu sein.

<u>**Psychologische und emotionale Reaktionen:**</u> Neben den körperlichen Reaktionen kann Stress auch psychologische und emotionale Auswirkungen haben, wie z.B.:

1. **Angst und Nervosität**: Ein Gefühl der Besorgnis oder Überforderung.
2. **Reizbarkeit und Wut**: Geringere Toleranz gegenüber anderen und schnellere Reizbarkeit.
3. **Konzentrationsprobleme**: Schwierigkeiten, sich zu fokussieren oder Entscheidungen zu treffen.
4. **Schlafprobleme**: Schwierigkeiten, ein- oder durchzuschlafen.

Arten von Stress: Stress kann in zwei Hauptkategorien unterteilt werden:

1. **Akuter Stress**: Kurzfristiger Stress, der durch vorübergehende Ereignisse oder Situationen verursacht wird. Beispiele hierfür sind ein bevorstehender Termin, ein Streit oder eine plötzliche Herausforderung.

2. **Chronischer Stress**: Langfristiger Stress, der über einen längeren Zeitraum anhält. Dies kann durch anhaltende Probleme wie finanzielle Schwierigkeiten, ungelöste Konflikte oder eine belastende Arbeitssituation verursacht werden.

<u>Folgen von chronischem Stress:</u> Langfristig kann chronischer Stress erhebliche negative Auswirkungen auf die Gesundheit haben, darunter:

1. **Herz-Kreislauf-Erkrankungen**: Erhöhtes Risiko für Bluthochdruck, Herzinfarkt und Schlaganfall.
2. **Immunsystem**: Schwächung des Immunsystems, wodurch die Anfälligkeit für Infektionen steigt.
3. **Psychische Gesundheit**: Entwicklung von Angststörungen, Depressionen und Burnout.
4. **Körperliche Gesundheit**: Muskelverspannungen, Kopfschmerzen, Verdauungsprobleme und andere körperliche Beschwerden.

Individuelle Ursachen für Stress können stark variieren und hängen oft von den persönlichen Lebensumständen, der Persönlichkeit und den Bewältigungsstrategien einer Person ab. Hier sind einige häufige individuelle Ursachen für Stress:

1. **Arbeitsbelastung**: Ein hoher Arbeitsdruck, unklare Erwartungen oder Konflikte am Arbeitsplatz können stressig sein.

2. **Familienprobleme**: Konflikte innerhalb der Familie, schwierige Beziehungen zu Familienmitgliedern oder familiäre Verpflichtungen können Stress verursachen.

3. **Finanzielle Sorgen**: Geldprobleme, Schulden oder Unsicherheit über die finanzielle Zukunft können starken Stress auslösen.

4. **Gesundheitsprobleme**: Eigene Gesundheitsprobleme oder die Krankheit eines geliebten Menschen können emotional belastend sein.

5. **Perfektionismus**: Der Drang, immer perfekt zu sein oder unrealistische Erwartungen an sich selbst zu haben, kann zu anhaltendem Stress führen.

6. **Zeitdruck**: Das Gefühl, ständig unter Zeitdruck zu stehen und nicht genug Zeit für alle Aufgaben zu haben, kann stressig sein.

7. **Soziale Isolation**: Einsamkeit oder das Gefühl, keine Unterstützung oder soziale Kontakte zu haben, können psychischen Stress verursachen.

8. **Umweltfaktoren**: Lärm, unangenehme Arbeitsbedingungen oder unzureichende Wohnverhältnisse können zu Stress beitragen.

9. **Lebensveränderungen**: Große Veränderungen im Leben wie Umzug, Trennung, Scheidung, Verlust eines geliebten Menschen oder Jobverlust können starken Stress auslösen.

10. **Unzureichende Bewältigungsstrategien**: Mangelnde
    Fähigkeiten zur Stressbewältigung oder ineffektive
    Bewältigungsmechanismen können dazu führen, dass
    Stressoren überwältigend wirken.

Es ist wichtig zu erkennen, dass individuelle Ursachen für Stress
sehr persönlich und vielfältig sein können. Die Identifizierung der
spezifischen Stressoren ist ein wichtiger erster Schritt, um
angemessene Bewältigungsstrategien zu entwickeln und den Stress zu
reduzieren.

Stress ist ein natürlicher und normaler Bestandteil des Lebens
und kann in bestimmten Situationen sogar nützlich sein.

Hier sind einige Gründe, warum Stress in gewissem Maße
benötigt wird:

1. **Überlebensmechanismus**: Stress ist ein evolutionärer
   Mechanismus, der uns hilft, auf potenzielle Gefahren zu
   reagieren. In Situationen, die eine unmittelbare Reaktion
   erfordern, wie zum Beispiel eine plötzliche Bedrohung,
   mobilisiert Stress unsere körperlichen Ressourcen für eine
   Kampf- oder Fluchtreaktion.

2. **Motivation und Leistungsfähigkeit**: In moderaten
   Mengen kann Stress eine motivierende Kraft sein und uns
   dazu anregen, Herausforderungen anzunehmen und unser
   Bestes zu geben. Es kann dazu beitragen, unsere

Leistungsfähigkeit zu steigern und uns dazu bringen, unsere Ziele zu erreichen.

3. **Anpassungsfähigkeit**: Stress kann uns helfen, uns an Veränderungen anzupassen und uns dabei unterstützen, flexibel auf neue Situationen zu reagieren. Es kann dazu beitragen, unsere Fähigkeit zur Problemlösung zu verbessern und uns resilienter gegenüber Herausforderungen zu machen.

4. **Warnsignal für Ungleichgewicht**: Stress kann auch als Warnsignal dienen, dass etwas in unserem Leben aus dem Gleichgewicht geraten ist. Es kann uns dazu anregen, innezuhalten, unsere Prioritäten zu überdenken und Veränderungen vorzunehmen, um unsere Gesundheit und unser Wohlbefinden zu verbessern.

Obwohl Stress in gewissem Maße nützlich ist, ist es wichtig, dass er in einem gesunden und ausgewogenen Bereich bleibt. Übermäßiger oder chronischer Stress kann ernsthafte negative Auswirkungen auf die physische und psychische Gesundheit haben.

Daher ist es entscheidend, effektive Stressbewältigungsstrategien zu entwickeln und anzuwenden, um Stress in gesunden Grenzen zu halten. Eben nach deinen Regeln, so wie es für dich richtig ist.

Die zwei Gesichter des Stresses: Eustress und Distress

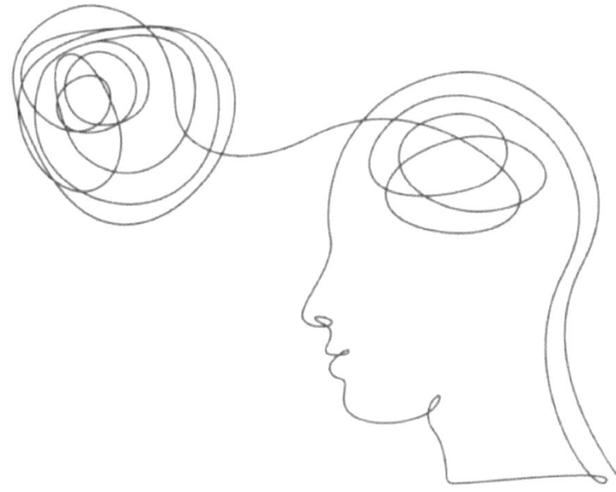

Stress ist nicht immer negativ. Tatsächlich gibt es Formen von Stress, die uns motivieren und unser Leben bereichern können.

Diese Unterscheidung ist oft als "guter Stress" (Eustress) und "schlechter Stress" (Distress) bekannt.

Guter Stress (Eustress)

Definition und Merkmale:

Eustress ist eine positive Form von Stress, die uns anregt, motiviert und zu Höchstleistungen antreibt. Er tritt häufig in Situationen auf, die als herausfordernd, aber bewältigbar wahrgenommen werden. Eustress hilft uns, Ziele zu erreichen und persönliche Entwicklung zu fördern.

Beispiele:

- **Berufliche Herausforderungen:** Ein neues Projekt oder eine Beförderung, die zwar anspruchsvoll ist, aber als Gelegenheit für Wachstum gesehen wird.
- **Sportliche Aktivitäten:** Vorbereitung auf einen Wettkampf oder das Erreichen eines Fitnessziels.
- **Lernprozesse:** Das Erlernen neuer Fähigkeiten oder das Studium für eine Prüfung.
- **Positive Veränderungen im Leben:** Umzug in eine neue Stadt, Heirat oder die Geburt eines Kindes.

Wirkungen:

- **Motivation und Leistungsfähigkeit:** Eustress kann zu erhöhter Konzentration und Energie führen.
- **Persönliche Entwicklung:** Herausforderungen und neue Erfahrungen fördern das persönliche Wachstum und die Resilienz.

- **Positive Emotionen:** Eustress wird oft mit Gefühlen von Aufregung, Freude und Erfüllung verbunden.

Schlechter Stress (Distress)

Definition und Merkmale:

Distress ist die negative Form von Stress, die auftritt, wenn Anforderungen und Belastungen überwältigend erscheinen und die Bewältigungskapazitäten übersteigen. Er führt oft zu negativen physischen, emotionalen und mentalen Reaktionen.

Beispiele:
- **Überlastung am Arbeitsplatz:** Zu viele Aufgaben, unrealistische Deadlines oder fehlende Unterstützung.
- **Finanzielle Schwierigkeiten:** Anhaltende Sorgen über Schulden oder finanzielle Instabilität.
- **Zwischenmenschliche Konflikte:** Ständige Streitigkeiten oder Probleme in Beziehungen.
- **Gesundheitsprobleme:** Chronische Krankheiten oder anhaltende Schmerzen.

Wirkungen:

- **Physische Gesundheit:** Erhöhtes Risiko für Herz-Kreislauf-Erkrankungen, geschwächtes Immunsystem, Schlafstörungen und andere gesundheitliche Probleme.

- **Psychische Gesundheit:** Entwicklung von Angstzuständen, Depressionen, Burnout und anderen psychischen Erkrankungen.
- **Leistungsfähigkeit:** Verminderte Konzentration, Gedächtnisprobleme und geringere Produktivität.
- **Emotionale Reaktionen:** Gefühle von Überforderung, Reizbarkeit, Frustration und Hilflosigkeit.

<u>Unterscheidung und Umgang</u>

Wie man Eustress fördert:

- **Positive Einstellung:** Herausforderungen als Chancen für Wachstum und Lernen sehen.
- **Ziele setzen:** Klare, erreichbare Ziele definieren, die motivieren und anspornen.
- **Balance finden:** Sich Pausen gönnen und auf Selbstfürsorge achten, um Überlastung zu vermeiden.

Wie man Distress reduziert:

- **Stressbewältigungstechniken:** Achtsamkeit, Meditation, regelmäßige Bewegung und Entspannungstechniken praktizieren.
- **Soziale Unterstützung:** Gespräche mit Freunden, Familie oder einem Therapeuten, um emotionale Unterstützung zu erhalten.

- **Zeitmanagement:** Prioritäten setzen, Aufgaben delegieren und realistische Zeitpläne erstellen.
- **Professionelle Hilfe:** Bei anhaltendem Distress professionelle Hilfe in Anspruch nehmen, um geeignete Bewältigungsstrategien zu entwickeln.

Indem wir die Unterschiede zwischen gutem und schlechtem Stress verstehen, können wir unsere Reaktionen auf stressige Situationen besser steuern und ein gesünderes, ausgeglicheneres Leben führen.

ACHTUNG ansteckend! Die Übertragung von Stress: Wege und Auswirkungen

Ja, es ist wahr…. Stress kann sich auf verschiedene Weisen auf andere Personen übertragen, sei es durch direkte Interaktionen oder indirekte Einflüsse.

1. **Emotionale Ansteckung**: Emotionen sind ansteckend, und wenn eine Person gestresst ist, kann sich dies auf andere in ihrem Umfeld auswirken. Die Anspannung und Unruhe einer gestressten Person können sich auf andere übertragen und sie ebenfalls gestresst fühlen lassen.

2. **Verbale Kommunikation**: Wenn eine gestresste Person ihre Sorgen und Belastungen verbal ausdrückt, kann dies dazu führen, dass andere Personen in ihrem Umfeld ebenfalls gestresst oder besorgt werden.

3. **Nonverbales Verhalten**: Selbst ohne direkte Kommunikation können Gestik, Mimik und Körpersprache einer gestressten Person dazu führen, dass andere Personen in ihrer Umgebung Stress empfinden.

4. **Arbeitsumgebung**: In Arbeitsumgebungen kann sich der Stress eines Mitarbeiters auf das gesamte Team auswirken.

Ein gestresster Mitarbeiter kann Spannungen im Team
erzeugen und die Arbeitsatmosphäre negativ beeinflussen.

5. **Familien- und soziales Umfeld**: Stress in der Familie oder
   im sozialen Umfeld kann sich auf alle Mitglieder der
   Familie oder des Freundeskreises auswirken. Probleme und
   Spannungen innerhalb der Familie können sich auf Kinder,
   Partner und andere Familienmitglieder ausbreiten.

6. **Gesellschaftliche Dynamiken**: In größeren sozialen
   Kontexten können gesellschaftliche Probleme,
   wirtschaftliche Unsicherheiten oder politische Spannungen
   Stress bei einer breiteren Bevölkerungsschicht auslösen und
   verbreiten.

**Es ist wichtig zu beachten, dass die Übertragung von Stress
nicht immer bewusst geschieht und oft subtil sein kann. Daher ist
es von entscheidender Bedeutung, auf die eigene Stressbelastung
zu achten und geeignete Maßnahmen zur Stressbewältigung zu
ergreifen, um die Auswirkungen auf andere zu minimieren.**

Ursachen und Auslöser von Stress:

Ein Überblick

Individuelle Ursachen für Stress können stark variieren und hängen oft von den persönlichen Lebensumständen, der Persönlichkeit und den Bewältigungsstrategien einer Person ab.

Hier sind einige häufige individuelle Ursachen für Stress:

1. **Arbeitsbelastung**: Ein hoher Arbeitsdruck, unklare Erwartungen oder Konflikte am Arbeitsplatz können stressig sein.

2. **Familienprobleme/Beziehungsprobleme**: Konflikte innerhalb der Familie, schwierige Beziehungen zu Familienmitgliedern oder familiäre Verpflichtungen können Stress verursachen.

3. **Finanzielle Sorgen**: Geldprobleme, Schulden oder Unsicherheit über die finanzielle Zukunft können starken Stress auslösen.

4. **Gesundheitsprobleme/Schmerzen:** Eigene Gesundheitsprobleme oder die Krankheit eines geliebten Menschen können emotional belastend sein.

5. **Ernährung:** mangelhafte Ernährung oder übermäßiger Konsum von Koffein, Zucker, Alkohol und auch Suchtstoffe wie Nikotin können das Stresslevel erhöhen.

6. **Perfektionismus**: Der Drang, immer perfekt zu sein oder unrealistische Erwartungen an sich selbst zu haben, kann zu anhaltendem Stress führen.

7. **Zeitdruck**: Das Gefühl, ständig unter Zeitdruck zu stehen und nicht genug Zeit für alle Aufgaben zu haben, kann stressig sein.

8. **Soziale Isolation**: Einsamkeit oder das Gefühl, keine Unterstützung oder soziale Kontakte zu haben, können psychischen Stress verursachen.

9. **Umweltfaktoren**: Lärm, unangenehme Arbeitsbedingungen oder unzureichende Wohnverhältnisse können zu Stress beitragen.

10. **Lebensveränderungen**: Große Veränderungen im Leben wie Umzug, Trennung, Scheidung, Verlust eines geliebten Menschen oder Jobverlust können starken Stress auslösen.

11. **Überlastung** im Allgemeinen im Beruf, Familie.

12. **Schlafmangel:** Unzureichender Schlaf oder schlechte Schlafqualität kann den Körper unter Stress setzen.

13. **Unzureichende Bewältigungsstrategien**: Mangelnde
Fähigkeiten zur Stressbewältigung oder ineffektive
Bewältigungsmechanismen können dazu führen, dass
Stressoren überwältigend wirken.

Es ist wichtig zu erkennen, dass individuelle Ursachen für Stress sehr persönlich und vielfältig sein können. Die Identifizierung der spezifischen Stressoren ist ein wichtiger erster Schritt, um angemessene Bewältigungsstrategien zu entwickeln und den Stress zu reduzieren.

Wo sind deine Stressfaktoren ?

____

____

____

____

____

____

____

____

____

____

____

Die positive Seite des Stresses

Stress ist ein natürlicher und normaler Bestandteil des Lebens und kann in bestimmten Situationen sogar nützlich sein.

Hier sind einige Gründe, warum Stress in gewissem Maße benötigt wird:

1. **Überlebensmechanismus**: Stress ist ein evolutionärer Mechanismus, der uns hilft, auf potenzielle Gefahren zu reagieren. In Situationen, die eine unmittelbare Reaktion erfordern, wie zum Beispiel eine plötzliche Bedrohung, mobilisiert Stress unsere körperlichen Ressourcen für eine Kampf- oder Fluchtreaktion.

2. **Motivation und Leistungsfähigkeit**: In moderaten Mengen kann Stress eine motivierende Kraft sein und uns dazu anregen, Herausforderungen anzunehmen und unser Bestes zu geben. Es kann dazu beitragen, unsere Leistungsfähigkeit zu steigern und uns dazu bringen, unsere Ziele zu erreichen.

3. **Anpassungsfähigkeit**: Stress kann uns helfen, uns an Veränderungen anzupassen und uns dabei unterstützen, flexibel auf neue Situationen zu reagieren. Es kann dazu beitragen, unsere Fähigkeit zur Problemlösung zu

verbessern und uns resilienter gegenüber
Herausforderungen zu machen.

4. **Warnsignal für Ungleichgewicht**: Stress kann auch als
   Warnsignal dienen, dass etwas in unserem Leben aus dem
   Gleichgewicht geraten ist. Es kann uns dazu anregen,
   innezuhalten, unsere Prioritäten zu überdenken und
   Veränderungen vorzunehmen, um unsere Gesundheit und
   unser Wohlbefinden zu verbessern.

Obwohl Stress in gewissem Maße nützlich ist, ist es wichtig, dass
er in einem gesunden und ausgewogenen Bereich bleibt.

Die Schattenseiten von Dauerstress auf Gesundheit und Wohlbefinden

Dauerstress, also anhaltender Stress über einen längeren Zeitraum, kann eine Vielzahl von negativen Auswirkungen auf die physische und psychische Gesundheit haben. Hier sind einige der häufigsten Folgen:

Physische Gesundheit

1. **Kardiovaskuläre Probleme**:
   - **Bluthochdruck**: Dauerstress kann zu einem konstant erhöhten Blutdruck führen.
   - **Herzerkrankungen**: Chronischer Stress erhöht das Risiko für Herzinfarkte und Schlaganfälle.

2. **Immunsystem**:
   - **Schwächung des Immunsystems**: Anhaltender Stress kann die Immunabwehr schwächen, was zu häufigeren Infektionen führt.

3. **Verdauungsprobleme**:
   - **Reizdarmsyndrom (IBS)**: Stress kann Symptome von IBS verschlimmern.
   - **Geschwüre**: Stress kann zu Magengeschwüren beitragen.

4. **Muskelverspannungen und Schmerzen**:
   - **Chronische Schmerzen**: Stress kann zu dauerhaften Muskelverspannungen und -schmerzen führen.
   -

5. **Gewichtszunahme oder -abnahme**:
   - **Appetitveränderungen**: Manche Menschen essen unter Stress mehr, andere weniger, was zu ungewollten Gewichtsveränderungen führen kann.

Psychische Gesundheit

1. **Angststörungen und Depression**:
   - Dauerstress kann zu anhaltender Angst und Depression beitragen oder diese Zustände verschlimmern.

2. **Schlafstörungen**:
   - Stress kann zu Schlaflosigkeit oder einem unruhigen Schlaf führen.

3. **Burnout**:
   - Chronischer Stress kann zu Burnout führen, einem Zustand tiefer Erschöpfung und mangelnder Motivation.

4. **Kognitive Beeinträchtigungen**:
   - **Konzentrationsprobleme**: Anhaltender Stress kann die Konzentration und Entscheidungsfähigkeit beeinträchtigen.
   - **Gedächtnisprobleme**: Stress kann sich negativ auf das Kurzzeitgedächtnis auswirken.

Verhaltensänderungen

1. **Soziale Isolation**:
   - Gestresste Personen neigen möglicherweise dazu, sich von sozialen Kontakten zurückzuziehen.

2. **Ungesunde Bewältigungsstrategien**:
   - **Substanzmissbrauch**: Manche Menschen greifen zu Alkohol, Drogen oder Nikotin, um mit Stress umzugehen.
   - **Ungesunde Essgewohnheiten**: Stress kann zu emotionalem Essen und ungesunden Ernährungsgewohnheiten führen.

Langfristige Folgen

1. **Chronische Krankheiten**:
   - Anhaltender Stress kann das Risiko für die Entwicklung chronischer Krankheiten wie Diabetes und Herzerkrankungen erhöhen.

2. **Reduzierte Lebensqualität:**

- Dauerstress kann die allgemeine Lebensqualität
  erheblich beeinträchtigen, da er viele Aspekte des
  täglichen Lebens negativ beeinflusst.

Notizen :

Effektive Strategien zur Stressbewältigung

Stressmanagement umfasst eine Vielzahl von Techniken und Strategien, um Stress zu reduzieren und seine negativen Auswirkungen auf Körper und Geist zu minimieren. Hier sind einige wirksame Ansätze:

Physische Techniken

1. **Bewegung und Sport**:
   - Regelmäßige körperliche Aktivität hilft, Stress abzubauen und die Stimmung zu verbessern.

2. **Entspannungstechniken**:
   - **Yoga**: Fördert Entspannung und Flexibilität.
   - **Progressive Muskelentspannung**: Hilft, Muskelverspannungen zu lösen.
   - **Atemübungen**: Tiefe Atemtechniken können sofortigen Stressabbau bieten.

3. **Ernährung**:
   - Eine ausgewogene Ernährung unterstützt die körperliche und geistige Gesundheit.

4. **Schlafhygiene**:
   - Ausreichender und qualitativ guter Schlaf ist entscheidend für die Stressbewältigung.

Psychische Techniken

1. **Kognitive Verhaltenstherapie (CBT)**:
   - Hilft, stressauslösende Gedankenmuster zu erkennen und zu verändern.

2. **Achtsamkeit und Meditation**:
   - Fördert das Bewusstsein für den gegenwärtigen Moment und reduziert gedankliche Belastungen.

3. **Zeitmanagement**:
   - Prioritäten setzen und effektive Planung können Stress durch Überlastung verringern.

Soziale Techniken

1. **Soziale Unterstützung**:
   - Gespräche mit Freunden und Familie können emotionale Unterstützung bieten.

2. **Kommunikation**:
   - Effektive Kommunikationstechniken helfen, Missverständnisse und Konflikte zu vermeiden.

3. **Grenzen setzen**:
   - Lernen, "Nein" zu sagen, um Überforderung zu verhindern.

Berufliche Techniken

1. **Pausen einlegen**:
   - Regelmäßige Pausen während der Arbeit verbessern die Konzentration und reduzieren Stress.

2. **Arbeitsumgebung verbessern**:
   - Ein ergonomischer Arbeitsplatz und eine angenehme Arbeitsatmosphäre fördern das Wohlbefinden.

3. **Aufgaben delegieren**:
   - Verantwortlichkeiten teilen, um die eigene Arbeitslast zu reduzieren.

Langfristige Strategien

1. **Persönliche Ziele setzen**:
   - Klar definierte, erreichbare Ziele geben Orientierung und Motivation.

2. **Hobbys und Freizeitaktivitäten**:
   - Zeit für Aktivitäten, die Freude bereiten, trägt zur Erholung und Entspannung bei.

3. **Professionelle Hilfe suchen**:
   - Psychologen, Therapeuten oder Coaches können bei der Entwicklung individueller Stressbewältigungsstrategien unterstützen.

Ein effektives Stressmanagement erfordert oft eine Kombination dieser Techniken, angepasst an die individuellen Bedürfnisse und Lebensumstände.

Was tust du für dich zur Stressbewältigung im Alltag & Beruf ?

____

____

____

Techniken zur Förderung von innerer Ruhe und Gelassenheit

Entspannungstechniken gegen Stress und Chaos

1. Atemtechniken

- **Tiefe Bauchatmung**: Durch bewusstes Atmen in den Bauch kann die körperliche Entspannung gefördert und der Stressabbau unterstützt werden.
- **Atemzählung**: Durch das Zählen der Atemzüge kann der Geist beruhigt und die Konzentration auf den gegenwärtigen Moment gelenkt werden.

2. Meditation

- **Achtsamkeitsmeditation**: Durch das bewusste Beobachten von Gedanken, Gefühlen und Körperempfindungen kann eine tiefe Entspannung und innere Ruhe erreicht werden.
- **Geführte Meditation**: Mit Hilfe von Anleitungen oder Meditationen können Stressoren losgelassen und ein Zustand der Gelassenheit herbeigeführt werden.

3. Progressive Muskelentspannung (PME)

- **Systematische Muskelentspannung**: Durch die gezielte An- und Entspannung bestimmter Muskelgruppen wird körperliche Entspannung gefördert und Stress abgebaut.

4. Yoga

- **Asanas (Körperhaltungen)**: Durch das Ausführen von
  Yoga-Posen können körperliche Verspannungen gelöst und
  der Geist beruhigt werden.
- **Pranayama (Atemübungen)**: Spezielle Atemtechniken im
  Yoga fördern die Entspannung und helfen, den Geist zu
  beruhigen.
- **Im App Store gibt es unzählige Apps hierfür**

5. Autogenes Training

- **Formeln der Selbsthypnose**: Durch das wiederholte
  Aufsagen von Entspannungsformeln können tiefe
  Entspannungszustände erreicht und Stress abgebaut werden.

6. Naturverbundene Aktivitäten

- **Spaziergänge in der Natur**: Durch das bewusste Erleben
  der Natur können Stress und Chaos im Geist reduziert
  werden.
- **Gärtnern**: Das Gärtnern kann eine meditative Aktivität
  sein und dabei helfen, Stress abzubauen und eine
  Verbindung zur Natur herzustellen.

Selbstreflexion und Achtsamkeit

Stressbewältigungsstrategien

1. Zeitmanagement

- **Prioritäten setzen**: Identifizieren Sie die wichtigsten Aufgaben und legen Sie fest, welche zuerst erledigt werden müssen.
- **To-Do-Listen**: Erstellen Sie tägliche oder wöchentliche Listen, um Aufgaben zu organisieren und den Überblick zu behalten.
- **Delegieren**: Lernen Sie, Aufgaben an andere zu delegieren, um Ihre Arbeitslast zu reduzieren und Stress abzubauen.

2. Entspannungstechniken

- **Tägliche Entspannungsübungen**: Integrieren Sie regelmäßige Entspannungspraktiken wie Meditation, Yoga oder Atemübungen in Ihren Tagesablauf.
- **Progressive Muskelentspannung**: Lernen Sie, Muskelverspannungen bewusst zu lösen, um körperliche Entspannung zu fördern.
- **Tiefenatmung**: Durch bewusstes und tiefes Atmen können Sie Stress reduzieren und Ihren Geist beruhigen.

3. Selbstfürsorge

- **Gesunde Lebensweise**: Achten Sie auf ausgewogene Ernährung, ausreichend Bewegung und ausreichenden Schlaf, um Ihre körperliche Gesundheit zu unterstützen.
- **Pausen einlegen**: Nehmen Sie sich regelmäßig kurze Pausen, um sich zu erholen und neue Energie zu tanken.
- **Grenzen setzen**: Lernen Sie, "Nein" zu sagen und Ihre eigenen Grenzen zu respektieren, um Überlastung zu vermeiden.

4. Problemlösung

- **Identifikation von Stressoren**: Analysieren Sie Ihre Stressauslöser und suchen Sie nach Möglichkeiten, diese zu reduzieren oder zu eliminieren.
- **Konfliktlösung**: Lernen Sie, Konflikte konstruktiv anzugehen und nach Lösungen zu suchen, um belastende Situationen zu entschärfen.
- **Perspektivenwechsel**: Versuchen Sie, belastende Situationen aus einer anderen Perspektive zu betrachten und alternative Handlungsmöglichkeiten zu erkennen.

5. Soziale Unterstützung

- **Gespräche führen**: Suchen Sie den Austausch mit Freunden, Familie oder Kollegen, um Ihre Sorgen und Belastungen zu teilen.

- **Unterstützung suchen**: Zögern Sie nicht, professionelle Hilfe in Anspruch zu nehmen, wenn Sie das Gefühl haben, alleine nicht weiterzukommen.
- **Gemeinsame Aktivitäten**: Verbringen Sie Zeit mit Menschen, die Ihnen guttun, und pflegen Sie soziale Beziehungen, um Unterstützung und Rückhalt zu erfahren.

Bekommst du Unterstützung im Alltag ? Wie stehts um dein Zeitmanagement ? Was könntest du verbessern ? Wo liegen deine Prioritäten ?

____

____

____

____

____

____

____

____

____

____

Ganzheitliches Wohlbefinden: Ein Leitfaden zur Selbstfürsorge

Selbstfürsorge

1. Grundlagen der Selbstfürsorge

- **Definition von Selbstfürsorge**: Klärung des Begriffs und warum er so wichtig für das körperliche, emotionale und mentale Wohlbefinden ist.
- **Selbstliebe entwickeln**: Ermutigung zur Akzeptanz und Wertschätzung sich selbst gegenüber, unabhängig von äußeren Bewertungen oder Erwartungen.

2. Körperliche Selbstfürsorge

- **Gesunde Ernährung**: Betonung der Bedeutung einer ausgewogenen Ernährung für die körperliche Gesundheit und das allgemeine Wohlbefinden.
- **Regelmäßige Bewegung**: Erläuterung der positiven Auswirkungen von körperlicher Aktivität auf den Körper und den Geist sowie praktische Tipps zur Integration von Bewegung in den Alltag.
- **Ausreichender Schlaf**: Erklärung der Rolle von ausreichendem und qualitativ hochwertigem Schlaf für die

Regeneration des Körpers und die Aufrechterhaltung der mentalen Gesundheit.

3. Emotionale Selbstfürsorge

- **Gefühle akzeptieren**: Anleitung zur Akzeptanz und Verarbeitung von Gefühlen, unabhängig davon, ob sie positiv oder negativ sind.
- **Grenzen setzen**: Erlernen von Techniken zur Festlegung gesunder Grenzen in zwischenmenschlichen Beziehungen, um die eigene emotionale Gesundheit zu schützen.
- **Selbstmitgefühl kultivieren**: Förderung der Fähigkeit, sich selbst mit Freundlichkeit und Verständnis zu behandeln, besonders in schwierigen Zeiten.

4. Mentale Selbstfürsorge

- **Stressmanagement**: Vorstellung verschiedener Techniken zur Stressbewältigung, wie z.B. Achtsamkeitsübungen, Atemtechniken und Meditation.
- **Positive Selbstgespräche**: Anleitung zur Entwicklung einer positiven inneren Dialog und zur Überwindung von selbstkritischen Gedanken.
- **Zeit für sich selbst nehmen**: Betonung der Bedeutung von Alleinzeit und Aktivitäten, die Freude und Entspannung bringen, um Energie aufzutanken.

5. Soziale Selbstfürsorge

- **Unterstützung suchen**: Ermutigung zur Suche nach
  sozialer Unterstützung bei Freunden, Familie oder
  Fachleuten, um Bedürfnisse und Herausforderungen zu
  teilen.
- **Gesunde Beziehungen pflegen**: Anleitung zur Pflege von
  Beziehungen, die unterstützend und förderlich für das
  eigene Wohlbefinden sind, und zur Reduzierung von
  Beziehungen, die belastend sind.

6. Kreative Selbstfürsorge

- **Hobbys und Interessen pflegen**: Ermunterung zur
  Verfolgung von Hobbys und Interessen, die Freude und
  Erfüllung bringen.
- **Künstlerische Ausdrucksformen**: Vorstellung
  verschiedener kreativer Aktivitäten wie Malen, Schreiben
  oder Musizieren als Mittel zur Selbstausdruck und
  Stressbewältigung.

7. Spirituelle Selbstfürsorge

- **Meditation und Spiritualität**: Einführung in spirituelle
  Praktiken und Meditationstechniken als Mittel zur
  Selbstreflexion, zur Verbindung mit etwas Größerem und
  zur Förderung von innerer Ruhe und Gelassenheit.

Hand auf´s Herz – was hiervon praktizierst du schon bzw.
regelmäßig ? Ernährst du dich gesund ?

Eigenschaften von resilienten Menschen

Resilienz – Was ist das eigentlich ?

1. Definition

Resilienz bezeichnet die Fähigkeit eines Menschen, sich von Rückschlägen, Krisen oder belastenden Lebenssituationen zu erholen und gestärkt aus ihnen hervorzugehen. Es ist die Fähigkeit, sich trotz schwieriger Umstände anzupassen, widerstandsfähig zu bleiben und persönliches Wachstum zu fördern. Resiliente Menschen können mit Stress und Herausforderungen umgehen, indem sie ihre psychologischen Ressourcen mobilisieren und verschiedene Bewältigungsstrategien einsetzen.

Resilienz ist keine statische Eigenschaft, sondern ein dynamischer Prozess, der sich im Laufe des Lebens entwickelt. Sie wird durch eine Vielzahl von Faktoren beeinflusst, darunter genetische Anlagen, persönliche Erfahrungen, soziale Unterstützung und individuelle Bewältigungsmechanismen.

Ein resilienter Mensch zeichnet sich oft durch folgende Merkmale aus:

1. **Anpassungsfähigkeit**: Die Fähigkeit, sich flexibel an neue Situationen anzupassen und mit Veränderungen umzugehen.

2. **Optimismus**: Eine positive Grundhaltung und die
   Überzeugung, dass man Schwierigkeiten bewältigen kann
   und dass es Möglichkeiten gibt, aus Rückschlägen zu
   lernen.
3. **Selbstwirksamkeit**: Das Vertrauen in die eigene Fähigkeit,
   Einfluss auf die eigenen Lebensumstände zu nehmen und
   Probleme zu lösen.
4. **Gute Beziehungsfähigkeiten**: Die Fähigkeit, soziale
   Beziehungen aufzubauen, Unterstützung zu suchen und zu
   geben, und Konflikte konstruktiv zu lösen.
5. **Emotionale Regulation**: Die Fähigkeit, mit eigenen
   Emotionen umzugehen, sie zu erkennen, zu akzeptieren und
   angemessen zu regulieren.
6. **Selbstfürsorge**: Die Fähigkeit, für das eigene körperliche,
   emotionale und mentale Wohlbefinden zu sorgen und sich
   selbst liebevoll zu behandeln.

Resilienz ist kein angeborenes Merkmal, sondern kann durch
bewusste Anstrengungen und Übungen entwickelt und gestärkt
werden. Durch den Aufbau von Resilienz können Menschen
widerstandsfähiger gegenüber den Herausforderungen des Lebens
werden und besser in der Lage sein, ihr volles Potenzial
auszuschöpfen und ein erfülltes Leben zu führen.

2. Eigenschaften von resilienten Menschen

Anpassungsfähigkeit: Beschreibung der Fähigkeit, sich an neue
Situatione anzupassen und flexibel auf Veränderungen zu reagieren.

- **Optimismus**: Erklärung der Bedeutung einer positiven
  Einstellung und eines optimistischen Mindsets für die
  Bewältigung von Herausforderungen.
- **Selbstwirksamkeit**: Betonung der Überzeugung, dass man
  in der Lage ist, mit Schwierigkeiten umzugehen und
  Einfluss auf seine Lebensumstände zu nehmen.

3. Faktoren, die Resilienz beeinflussen

- **Soziale Unterstützung**: Untersuchung der Rolle von
  Familie, Freunden und Gemeinschaften bei der Förderung
  von Resilienz und der Bewältigung von Krisen.
- **Selbstfürsorge**: Erklärung, wie Selbstfürsorgepraktiken
  wie Achtsamkeit, gesunde Lebensführung und emotionale
  Regulation die Resilienz stärken können.
- **Kognitive Bewältigungsstrategien**: Vorstellung von
  Techniken zur Bewältigung von Stress und negativen
  Gedanken, wie z.B. Problemlösung, Perspektivenwechsel
  und Annahme.

4. Aufbau von Resilienz

- **Persönliche Entwicklung**: Anleitung zur Entwicklung von
  Selbstbewusstsein, Selbstreflexion und persönlichem
  Wachstum als Mittel zur Stärkung der Resilienz.
- **Krisen als Chancen**: Betonung der Möglichkeit, aus
  Krisen zu lernen, persönlich zu wachsen und gestärkt aus
  schwierigen Situationen hervorzugehen.
- **Langfristige Strategien**: Vorstellung von langfristigen
  Strategien zur Förderung von Resilienz, wie z.B. die Pflege

von sozialen Beziehungen, die Suche nach Sinn und Bedeutung im Leben und die Entwicklung von Coping-Mechanismen.

4. Praktische Übung zur Stärkung der Resilienz

6. Resilienz im Alltag

- **Praktische Anwendung**: Anleitung zur Anwendung von Resilienzprinzipien im Alltag, um mit Stress, Unsicherheit und Veränderungen effektiv umzugehen.
- **Krisenmanagement**: Tipps zur Bewältigung von konkreten Krisensituationen, wie z.B. Verlust, Trennung, berufliche Herausforderungen oder gesundheitliche Probleme.

Übung zur Stärkung der Resilienz

Diese Reflexionsübung kann Menschen dabei unterstützen, ihre persönliche Resilienz zu erkennen, zu stärken und in schwierigen Zeiten besser mit Herausforderungen umzugehen.

SELBSTREFLEKTIONS- ÜBUNG

1. **Reflexion über vergangene Herausforderungen**:
   - Denke an eine schwierige Situation oder Krise, die du in der Vergangenheit bewältigt hast. Was war die Situation?
   - Wie hast du dich in dieser Situation gefühlt? Welche Emotionen hast du erlebt?
   - Welche Gedanken und Reaktionen hattest du während dieser Zeit?

2. **Identifikation von Bewältigungsstrategien**:
   - Welche Strategien oder Handlungen hast du ergriffen, um mit der Herausforderung umzugehen?
   - Welche davon waren besonders effektiv? Warum denkst du, dass sie funktioniert haben?
   - Gibt es Bewältigungsstrategien, die du in Zukunft häufiger einsetzen möchtest?

3. **Erkennen von persönlichen Stärken und Ressourcen**:
   - Welche persönlichen Stärken hast du während der Krise genutzt? (z.B. Durchhaltevermögen, Kreativität)
   - Welche Ressourcen oder Unterstützung hast du von außen erhalten? (z.B. Familie, Freunde, Kollegen)
   - Gibt es weitere Stärken oder Ressourcen, die du möglicherweise nicht vollständig genutzt hast?

4. **Identifikation von Wachstumschancen**:
   - Welche Lehren kannst du aus dieser Erfahrung ziehen?
   - Wie hat dich die Krise persönlich wachsen lassen? Welche neuen Erkenntnisse hast du gewonnen?
   - Auf welche Weise kannst du diese Erfahrungen nutzen, um zukünftige Herausforderungen besser zu bewältigen?

5. **Planung für die Zukunft**:
   - Welche konkreten Schritte kannst du unternehmen, um deine Resilienz weiter zu stärken?
   - Welche Ziele möchtest du erreichen, um deine Bewältigungsfähigkeiten zu verbessern?
   - Wie kannst du regelmäßige Selbstreflexion in deinen Alltag integrieren, um deine Resilienz kontinuierlich zu stärken?

6. **Selbstmitgefühl und Anerkennung**:
   - Erlaube dir selbst, Mitgefühl für die Schwierigkeiten zu empfinden, die du durchgemacht hast.
   - Anerkenne und feiere deine Fähigkeit, mit Herausforderungen umzugehen, und erinnere dich daran, dass du bereits resiliente Eigenschaften besitzt.

Diese Übung zur Selbstreflexion kann dir helfen, deine eigenen Stärken, Ressourcen und Wachstumsmöglichkeiten zu erkennen und deine Resilienz kontinuierlich zu stärken.

Platz für deine Notizen :

____

____

____

____

____

____

____

____

____

____

Übung zur Stärkung Deiner Inneren Ressourcen

Hier ist eine Übung zur Stärkung deiner eigenen Ressourcen:

Schritt 1: Identifiziere deine Ressourcen

- Nimm dir Zeit, um darüber nachzudenken, welche Ressourcen dir zur Verfügung stehen. Das können persönliche Eigenschaften wie Durchhaltevermögen, Kreativität oder Empathie sein, aber auch äußere Unterstützung wie Freunde, Familie oder berufliche Fähigkeiten.

Schritt 2: Liste deine Ressourcen auf

- Erstelle eine Liste mit all deinen identifizierten Ressourcen. Schreibe alles auf, was dir in den Sinn kommt, egal wie klein oder groß es erscheinen mag.

Schritt 3: Bewerte deine Ressourcen

- Überprüfe deine Liste und bewerte jede Ressource auf einer Skala von 1 bis 10, wobei 1 bedeutet, dass du die Ressource als schwach empfindest, und 10 bedeutet, dass du die Ressource als stark empfindest.

Schritt 4: Reflektiere über deine Stärken

- Betrachte die Ressourcen, die du als besonders stark bewertet hast. Frage dich, warum du sie als stark empfindest und wie du sie in der Vergangenheit genutzt hast, um Herausforderungen zu bewältigen.

Schritt 5: Visualisiere den Einsatz deiner Ressourcen

- Schließe deine Augen und visualisiere, wie du deine stärksten Ressourcen in einer zukünftigen herausfordernden Situation einsetzt. Stelle dir vor, wie du sie aktiv nutzt, um Hindernisse zu überwinden und erfolgreich zu sein.

Schritt 6: Entwickle einen Aktionsplan

- Überlege, wie du deine Ressourcen weiter stärken kannst. Identifiziere Bereiche, in denen du dich verbessern möchtest, und entwickle einen Aktionsplan, um diese Ziele zu erreichen. Das können Weiterbildung, Selbstfürsorgepraktiken oder der Aufbau neuer Unterstützungsnetzwerke sein.

Schritt 7: Umsetzung und Überprüfung

- Setze deinen Aktionsplan um und überprüfe regelmäßig deine Fortschritte. Feiere deine Erfolge und erkenne die Bedeutung deiner Ressourcen für deine persönliche Stärke und Resilienz an.

Diese Übung kann dir helfen, deine persönlichen Ressourcen zu erkennen, zu bewerten und gezielt zu stärken, um besser mit Herausforderungen umzugehen und ein erfülltes Leben zu führen.

Übung zur Inneren Stärke durch Visualisierung

Hier ist eine Visualisierungsübung zur Stärkung der Resilienz:

Schritt 1: Entspanne dich

- Suche einen ruhigen und ungestörten Ort, an dem du dich entspannen kannst. Setze dich bequem hin oder lege dich hin und schließe deine Augen.

Schritt 2: Tiefes Atmen

- Beginne mit einigen tiefen Atemzügen, um dich zu zentrieren und in den Moment zu kommen. Atme langsam und tief durch die Nase ein und wieder durch den Mund aus.

Schritt 3: Visualisiere eine schwierige Situation

- Stelle dir eine Herausforderung oder Krise vor, die du in der Vergangenheit bewältigt hast oder mit der du derzeit konfrontiert bist. Versuche, so viele Details wie möglich zu visualisieren, einschließlich der Umgebung, der beteiligten Personen und deiner eigenen Emotionen.

Schritt 4: Visualisiere deine Reaktion

- Sieh dich selbst in dieser schwierigen Situation. Beobachte, wie du reagierst und mit den Herausforderungen umgehst. Betrachte deine Reaktionen, Gedanken und Gefühle mitfühlend und ohne Urteil.

Schritt 5: Aktiviere deine Ressourcen

- Stelle dir vor, wie du deine persönlichen Stärken und Ressourcen aktivierst, um die Herausforderung zu bewältigen. Visualisiere, wie du deine Fähigkeiten einsetzt, um Hindernisse zu überwinden und Lösungen zu finden.

Schritt 6: Empowerment und Stärkung

- Fokussiere dich auf das Gefühl der Stärke und des Selbstvertrauens, während du die Herausforderung erfolgreich bewältigst. Stelle dir vor, wie du gestärkt und widerstandsfähiger aus der Situation hervorgehst.

Schritt 7: Positive Zukunftsvision

- Visualisiere eine positive Zukunftsvision, in der du gestärkt und resilient bist. Sieh dich selbst, wie du weiterhin Herausforderungen meisterst und dein volles Potenzial entfaltest.

Schritt 8: Dankbarkeit und Selbstmitgefühl

- Beende die Visualisierung, indem du dir selbst dankst für deine Stärke und Widerstandsfähigkeit. Praktiziere Selbstmitgefühl und erkenne an, dass du bereits über die inneren Ressourcen verfügst, um schwierige Zeiten zu bewältigen.

Schritt 9: Öffne deine Augen

- Nimm langsam deine Umgebung wahr und öffne vorsichtig deine Augen. Nimm dir einen Moment, um dich zu orientieren und die positiven Empfindungen aus der Visualisierung mit in deinen Tag zu nehmen.

Diese Visualisierungsübung kann dir helfen, deine innere Stärke und Resilienz zu stärken, indem du dich mental auf die Bewältigung von Herausforderungen vorbereitest und positive Zukunftsvisionen kreierst.

Eine Notfall – Entspannunghilfe wäre auch die 4-7-8 Methode, die in aller Munde ist.

Die **4-7-8 Atemtechnik** – beruhigt das Nervensystem, reduziert Stress und hilft in einen entspannten Zustand zu kommen.

Atme hierfür ein und zähle gedanklich langsam bis 4, dann halte deinen Atem und zähle gedanklich bis 7 und zuletzt atemst du langsam aus dem Mund aus und zählst bis 8.

Am besten wiederholst du das 4 mal – du kannst dich bis 8 mal steigern ! Hilft sehr gut in angespannten Situationen, bei Aufregung, Stress und Ärger. Probiere es aus und fühle die Entspannung.

Notizen für deine Erfahrung :

Resilienz im Alltag: Strategien für ein starkes Leben

Hier ist eine Anleitung zur Anwendung von Resilienzprinzipien im Alltag, um mit Stress, Unsicherheit und Veränderungen effektiv umzugehen:

1. **Achtsamkeit praktizieren**:
   - Nimm dir regelmäßig Zeit für Achtsamkeitsübungen wie Meditation, Atemtechniken oder bewusstes Atmen. Dies hilft dir, im gegenwärtigen Moment zu bleiben und Stress abzubauen.
   - Spezielle Info an Mütter/Väter : Nehmt euch die Zeit, ohne schlechtem Gewissen.

2. **Positive Einstellung bewahren**:
   - Versuche, eine positive Grundeinstellung zu bewahren, auch in schwierigen Zeiten. Suche nach den Lektionen und Chancen, die sich aus Herausforderungen ergeben können.

3. **Flexibilität entwickeln**:
   - Sei offen für Veränderungen und passe dich flexibel an neue Situationen an. Betrachte Veränderungen als Chance für persönliches Wachstum und Entwicklung.

4. **Problemlösungsstrategien anwenden**:
   - Nutze deine Problemlösungsfähigkeiten, um Herausforderungen aktiv anzugehen und praktische Lösungen zu finden. Teile größere Probleme in kleinere, handhabbare Schritte auf.

5. **Soziale Unterstützung suchen**:
   - Suche Unterstützung bei Freunden, Familie oder anderen vertrauenswürdigen Personen, wenn du Unterstützung benötigst. Teile deine Gedanken und Gefühle und bitte um Hilfe, wenn nötig.

6. **Selbstfürsorge praktizieren**:
   - Nimm dir bewusst Zeit für Selbstfürsorge und Selbstpflege. Pflege deine körperliche, emotionale und mentale Gesundheit durch gesunde Ernährung, ausreichend Bewegung, ausreichend Schlaf und Entspannungspraktiken.

7. **Perspektivenwechsel vornehmen**:
   - Versuche, schwierige Situationen aus verschiedenen Blickwinkeln zu betrachten und alternative Perspektiven einzunehmen. Frage dich, wie du die Situation anders interpretieren könntest oder welche Möglichkeiten sich bieten könnten.

8. **Resiliente Beziehungen pflegen**:
   - Investiere Zeit und Energie in die Pflege von unterstützenden Beziehungen. Baue ein Netzwerk aus vertrauenswürdigen Personen auf, auf das du dich in Zeiten der Not verlassen kannst.

9. **Regelmäßige Reflexion und Anpassung**:
   - Nehme dir regelmäßig Zeit für Selbstreflexion, um deine Bewältigungsstrategien zu überprüfen und anzupassen. Sei bereit, deine Herangehensweise an Herausforderungen je nach Bedarf zu verändern.

10. **Sich auf das Wesentliche konzentrieren**:Priorisiere deine Ziele und Aufgaben und konzentriere dich auf das, was wirklich wichtig ist. Vermeide es, dich von unwichtigen Details oder Ablenkungen ablenken zu lassen.

Indem du diese Resilienzprinzipien in deinem Alltag anwendest, kannst du effektiver mit Stress, Unsicherheit und Veränderungen umgehen und deine Fähigkeit zur Bewältigung von Herausforderungen stärken.

Die Kraft der Resilienz: Wege zur Krisenbewältigung

Hilft mir Resilienz eine Krise zu meistern?
Absolut, Resilienz ist ein wesentlicher Bestandteil des erfolgreichen Krisenmanagements.

1. **Schnelle Erholung nach Rückschlägen**: Resiliente Menschen erholen sich schnell von Rückschlägen und lassen sich nicht dauerhaft von Misserfolgen entmutigen. Sie sehen Krisen als vorübergehende Hindernisse, nicht als unüberwindbare Barrieren.

2. **Flexibilität und Anpassungsfähigkeit**: Resiliente Menschen sind flexibel und passen sich schnell neuen Situationen und Veränderungen an. Sie können ihre Herangehensweise an Probleme anpassen und alternative Lösungen finden, wenn ihre ursprünglichen Pläne scheitern.

3. **Positive Bewältigungsstrategien**: Resiliente Menschen setzen positive Bewältigungsstrategien ein, um mit Stress und Herausforderungen umzugehen. Sie nutzen ihre inneren Ressourcen, wie z.B. Optimismus, Selbstwirksamkeit und soziale Unterstützung, um schwierige Zeiten zu überstehen.

4. **Selbstfürsorge und Wohlbefinden**: Resiliente Menschen praktizieren Selbstfürsorge und achten auf ihr körperliches, emotionales und mentales Wohlbefinden. Sie pflegen gesunde Gewohnheiten und suchen aktiv nach Möglichkeiten, Stress abzubauen und sich zu entspannen.

5. **Lernen aus Erfahrungen**: Resiliente Menschen nutzen Krisen als Gelegenheit zum Lernen und persönlichen Wachstum. Sie reflektieren über ihre Erfahrungen, identifizieren Lektionen und passen ihr Verhalten und ihre Strategien entsprechend an.

6. **Beharrlichkeit und Durchhaltevermögen**: Resiliente Menschen geben nicht auf, auch wenn die Situation schwierig erscheint. Sie bleiben beharrlich und halten an ihren Zielen fest, auch wenn der Weg steinig ist.

7. **Aufbau von sozialen Unterstützungsnetzwerken**: Resiliente Menschen haben starke soziale Unterstützungsnetzwerke, auf die sie sich in Krisenzeiten verlassen können. Sie suchen Hilfe und Unterstützung von Familie, Freunden, Kollegen und anderen vertrauenswürdigen Personen.

Durch den Aufbau und die Stärkung von Resilienz können Menschen besser in der Lage sein, Krisen zu meistern, sich von Rückschlägen zu erholen und gestärkt aus schwierigen Situationen hervorzugehen.

Stressmanagement

Stressmanagement in der Familie ist wichtig, um ein gesundes und harmonisches Familienleben zu fördern. Hier sind einige Strategien, die Familien anwenden können:

1. Offene Kommunikation:

- **Regelmäßige Familiengespräche:** Setzt euch regelmäßig zusammen, um über eure Gefühle und Sorgen zu sprechen.
- **Aktives Zuhören:** Jeder sollte die Möglichkeit haben, ohne Unterbrechung zu sprechen. Zeigt Empathie und Verständnis.

2. Gemeinsame Aktivitäten:

- **Qualitätszeit:** Plant gemeinsame Aktivitäten, wie Spaziergänge, Spieleabende oder gemeinsame Mahlzeiten, um positive Erlebnisse zu schaffen.
- **Sport und Bewegung:** Gemeinsame sportliche Aktivitäten können helfen, Stress abzubauen und die Bindung zu stärken.

3. Routinen und Struktur:

- **Klare Tagesabläufe:** Eine feste Struktur hilft, Unsicherheiten zu reduzieren und ein Gefühl der Sicherheit zu schaffen.

- **Zeitmanagement:** Achtet darauf, dass jeder in der Familie genügend Zeit für sich selbst und für gemeinsame Aktivitäten hat.

4. Unterstützungssysteme:

- **Hilfe annehmen:** Bei Bedarf externe Unterstützung durch Freunde, Familie oder professionelle Berater in Anspruch nehmen.
- **Rollenverteilung:** Aufgaben in der Familie sollten gerecht verteilt werden, um Überlastung einzelner Mitglieder zu vermeiden.

5. Achtsamkeit und Entspannungstechniken:

- **Achtsamkeitsübungen:** Praktiziert gemeinsam Achtsamkeit, wie Meditation oder Atemübungen, um zur Ruhe zu kommen.
- **Entspannungsphasen:** Baut regelmäßige Ruhezeiten in den Alltag ein, in denen jeder abschalten kann.

6. Positive Verstärkung:

- **Lob und Anerkennung:** Schätzt kleine und große Erfolge und positive Verhaltensweisen wert. Das stärkt das Selbstbewusstsein und fördert eine positive Atmosphäre.
- **Fehler verzeihen:** Fehler sind Teil des Lernprozesses. Ein verzeihendes Umfeld mindert den Stress.

7. Konfliktlösung:

- **Konstruktive Konfliktbewältigung:** Konflikte sind unvermeidlich, aber sie sollten konstruktiv und respektvoll

gelöst werden. Dies erfordert Kompromissbereitschaft und
die Fähigkeit, unterschiedliche Perspektiven zu akzeptieren.

8. Individuelle Bedürfnisse:
- **Raum für Individualität:** Jeder sollte die Möglichkeit
  haben, seinen eigenen Interessen und Hobbys nachzugehen.
  Das fördert persönliche Zufriedenheit und verringert Stress.
- **Selbstfürsorge:** Jedes Familienmitglied sollte sich auch um
  seine eigene mentale und körperliche Gesundheit kümmern.

9. Gemeinsame Ziele setzen:
- **Familienziele:** Setzt euch gemeinsame Ziele, wie zum
  Beispiel ein Familienurlaub oder ein langfristiges Projekt.
  Das schafft ein Gemeinschaftsgefühl und gibt eine positive
  Ausrichtung.

10. Humor und Leichtigkeit:
- **Lachen:** Humor und gemeinsames Lachen können
  Spannungen abbauen und die Verbindung untereinander
  stärken.

Diese Strategien können helfen, den Stresspegel in der Familie zu
senken und ein unterstützendes, glückliches Familienleben zu
fördern.

<u>Tipps für Eltern :</u>

Nutzt Micropausen, also kleine Zeitfenster im Alltag (morgens, abends), Mittagsschlaf der Kids), statt Haushalt gönne dir eine Tasse Tee, lese ein paar Seiten oder atme tief durch.

Delegiert auch mal Aufgaben – Unterstützung ist keine Schwäche und ältere Kinder können auch schon ein paar Aufgaben übernehmen.

Weg von der Perfektion, man kann nicht alles immer schaffen und muss das auch nicht. Setze Prioriäten und lege Pausen ein – so auch Handy-Pausen. ;-)

Führt Routinen ein in Form von festen Plänen zB 15 Minuten vor dem Schlafen gehen reine ME-Time. Kinder profitieren auch von Routinen. Und schafft unbedingt gemeinsam, achtsame Momente als Paar sowie auch als Familie. Man kann durchaus auch Atemübungen (spielerisch) mit Kindern durchführen und dies als gemeinsame Routine einplanen. Unterstützt mit Entspannungsmusik ist dies auch ein tolles Gute-Nacht-Ritual.

Und ... sei freundlich zu dir selbst ! Manche Tage sind einfach chaotisch – das ist okay. Erinnere dich daran, dass du nicht alles perfekt machen msust. Zeit für dich/euch ist **nicht** egoistisch, sondern sehr wichtig für dich und deine Familie !

<u>**Inspiration für deine ME – Time**</u>

<u>**5-10 Minuten :**</u>

- Atemübung 4-7-8
- Stretching, also Dehnroutine
- Tagebuch schreiben
- Meditation
- Tee/Kaffeepause
- Lesen
- Musik hören
- Achtam essen

<u>**30 - 60 Minuten :**</u>

- Sport oder Yoga
- Hobby – widme dich etwas, was dir Spaß macht (stricken, basteln, handwerken, schreiben...)
- Wellness zu Hause
- Film oder Lieblingsserie
- Online-Kurse
- Ins Café gehen, Freunde treffen
- Journaling – Schreiben über Ziele, Wünsche und die Zukunft
- Powernap – gönne dir maximal 20-30 Minuten erfrischenden Schlaf

<u>**Regelmäßige ME - Time :**</u>

- Freunde treffen (plane regelmßig Treffen ohne Kids)
- Wellness Tag, Thermenbesuch
- Workshops, Kurse und Fortbildungen
- Ausflüge – vielleicht mal ein Solo-Besuch in einem Museum

Das möchte ich ausprobieren :

____

____

____

____

____

Stressmanagement im Beruf

ist entscheidend, um berufliche Anforderungen zu bewältigen, produktiv zu bleiben und gleichzeitig die persönliche Gesundheit und das Wohlbefinden zu schützen. Hier sind einige Strategien, die im beruflichen Umfeld hilfreich sein können:

1. Zeitmanagement

- **Prioritäten setzen:** Wichtige Aufgaben identifizieren und zuerst erledigen. Das hilft, den Überblick zu behalten und Stress durch Zeitdruck zu vermeiden.
- **Aufgaben delegieren:** Wenn möglich, Aufgaben delegieren, um sich auf die wesentlichen Aspekte der Arbeit zu konzentrieren.
- **Pausen einplanen:** Regelmäßige Pausen während der Arbeit einlegen, um sich zu erholen und die Konzentration zu verbessern.

2. Organisation und Planung

- **Tagesplanung:** Einen klaren Plan für den Arbeitstag erstellen, um strukturierter zu arbeiten und Überraschungen zu minimieren.
- **Arbeitsumgebung organisieren:** Ein aufgeräumter Arbeitsplatz reduziert Ablenkungen und erleichtert den Zugang zu benötigten Materialien.

3. Grenzen setzen

- **Nein sagen:** Lerne, Anfragen abzulehnen, wenn die Arbeitsbelastung zu groß ist, um Überlastung zu vermeiden.
- **Arbeitszeiten respektieren:** Arbeit sollte nach Möglichkeit nicht in die Freizeit übergreifen. Klare Trennungen zwischen Arbeit und Freizeit schaffen.

4. Körperliche und geistige Gesundheit

- **Bewegung:** Regelmäßige Bewegung fördert die körperliche und mentale Gesundheit und hilft, Stress abzubauen.
- **Ernährung:** Gesunde Ernährung während der Arbeitstage beibehalten, um Energieniveau und Konzentration zu fördern.
- **Schlaf:** Ausreichender Schlaf ist wichtig, um sich von der Arbeit zu erholen und Stress besser zu bewältigen.

5. Soziale Unterstützung

- **Kollegen einbeziehen:** Ein gutes Verhältnis zu Kollegen kann helfen, Unterstützung zu finden und Stress abzubauen.
- **Netzwerke aufbauen:** Austausch mit anderen Fachleuten kann neue Perspektiven und Lösungen für berufliche Herausforderungen bieten.

6. Techniken zur Stressbewältigung

- **Entspannungstechniken:** Kurze Meditationen, Atemübungen oder auch kurze Spaziergänge während des Arbeitstags können helfen, Stress abzubauen.

- **Mindfulness (Achtsamkeit):** Im Moment bleiben und sich nicht in Sorgen über die Zukunft oder in Gedankenkreisen über Vergangenes verlieren.

7. Konfliktmanagement

- **Offene Kommunikation:** Konflikte sollten frühzeitig angesprochen und auf konstruktive Weise gelöst werden, um eine Eskalation zu vermeiden.
- **Kompromisse finden:** Die Bereitschaft, Kompromisse einzugehen, kann dazu beitragen, Spannungen am Arbeitsplatz zu reduzieren.

8. Weiterbildung und Entwicklung

- **Fortbildung:** Weiterbildung hilft, Unsicherheiten im Job zu verringern und das Selbstvertrauen zu stärken.
- **Ziele setzen:** Realistische berufliche Ziele setzen und darauf hinarbeiten, kann Motivation und Zufriedenheit steigern.

9. Work-Life-Balance

- **Ausgleich schaffen:** Hobbys, Freizeitaktivitäten und soziale Kontakte außerhalb der Arbeit sind wichtig, um Stress abzubauen und neue Energie zu tanken.
- **Urlaub nutzen:** Regelmäßige Auszeiten und Urlaub sind wichtig, um Abstand vom Job zu gewinnen und sich zu erholen.

10. Professionelle Unterstützung

- **Coaching oder Beratung:** Bei Bedarf professionelle Unterstützung in Anspruch nehmen, sei es durch einen Coach, Therapeuten oder eine betriebliche Sozialberatung.

Diese Strategien können helfen, den Stress im Berufsleben zu reduzieren, die Produktivität zu steigern und das allgemeine Wohlbefinden zu fördern. Ein bewusster Umgang mit Stress kann langfristig zu einer besseren Lebensqualität und einer erfüllteren beruflichen Laufbahn führen.

Wo fühlst du Stress – mehr beruflich oder privat ? Was ist es, was dich « stresst » ? Schreibe einfach auf, was dir in deinen Kopf kommt…egal wie « unnütz » es dir erscheint - wir behandeln dies im nächsten Kapitel genauer

____

____

____

____

____

____

____

____

____

____

____

Stress aufspüren

Stress in deinem Leben zu identifizieren und aufzudecken ist ein
wichtiger erster Schritt, um effektiv damit umzugehen. Oft ist Stress
ein schleichender Prozess, und man bemerkt erst spät, wie stark man
tatsächlich belastet ist. Hier sind einige Schritte und Methoden, die
dir helfen können, Stressquellen in deinem Leben zu erkennen:

1. Selbstbeobachtung und Reflexion

- **Tagebuch führen:** Schreibe über deinen Tag, deine
  Gefühle und Ereignisse, die dir Stress bereiten. Ein
  Tagebuch kann dir helfen, Muster und wiederkehrende
  Stressoren zu erkennen.

- **Gefühlslage reflektieren:** Nimm dir regelmäßig Zeit, um
  darüber nachzudenken, wie du dich fühlst. Frage dich,
  wann du dich besonders angespannt oder unwohl gefühlt
  hast.

2. Körperliche Symptome beobachten

- **Achte auf körperliche Anzeichen:** Stress manifestiert sich
  oft körperlich. Achte auf Symptome wie Kopfschmerzen,
  Schlafprobleme, Muskelverspannungen,
  Magenbeschwerden oder schnelle Herzschläge.

- **Erschöpfung und Müdigkeit:** Häufige Müdigkeit oder
  Erschöpfung kann ein Zeichen für chronischen Stress sein.

3. Stressoren in verschiedenen Lebensbereichen identifizieren

- **Beruf:** Überlege, ob du dich im Job überfordert, unterfordert oder gestresst fühlst. Hast du Schwierigkeiten, die Work-Life-Balance zu halten? Gibt es Konflikte mit Kollegen oder Vorgesetzten?

- **Familie:** Sind familiäre Verpflichtungen oder Beziehungen eine Quelle von Stress? Fühlst du dich überlastet durch familiäre Verantwortung oder emotionale Spannungen?

- **Freundschaften:** Belastet dich eine Freundschaft? Fühlst du dich durch die Erwartungen oder Probleme deiner Freunde gestresst?

- **Persönliche Erwartungen:** Setzt du dich selbst unter Druck, bestimmte Ziele zu erreichen oder bestimmten Erwartungen zu entsprechen?

- **Finanzen:** Finanzielle Sorgen und Unsicherheiten können eine große Stressquelle sein. Überlege, ob finanzielle Angelegenheiten dir Stress bereiten.

- **Gesundheit:** Körperliche oder mentale Gesundheitsprobleme können ebenfalls eine erhebliche Belastung darstellen.

5. Gedankenmuster analysieren

- **Negative Denkmuster:** Fängst du oft an zu grübeln oder hast du häufig negative Gedanken? Solche Denkmuster können stressverstärkend wirken.
- **Selbstkritik:** Wenn du zu hart mit dir selbst ins Gericht gehst, kann das erheblichen Stress verursachen. Überlege, ob du dir selbst gegenüber zu streng bist.

5. Soziale Beziehungen überprüfen

- **Qualität der Beziehungen:** Überlege, welche Beziehungen dir Energie geben und welche dich eher belasten. Beziehungen, die nur Stress und wenig Freude bringen, sollten hinterfragt werden.
- **Konflikte:** Gibt es ungelöste Konflikte, die dich belasten? Konflikte in Beziehungen, ob bei der Arbeit, in der Familie oder im Freundeskreis, können erheblicher Stressfaktor sein.

6. Achte auf Verhaltensänderungen

- **Vermeidungsverhalten:** Vermeidest du bestimmte Situationen oder Personen, weil sie Stress verursachen? Das könnte ein Hinweis auf zugrunde liegende Stressfaktoren sein.
- **Gewohnheiten:** Hast du Veränderungen in deinem Verhalten bemerkt, wie z.B. mehr Alkohol- oder Zuckerkonsum, weniger Schlaf oder weniger Bewegung? Diese könnten Reaktionen auf Stress sein.

7. Stress-Bewältigungsstrategien überprüfen

- **Hast du genügend Ausgleich?** Überlege, ob du genügend Zeit für Entspannung, Hobbys und soziale Kontakte hast. Fehlender Ausgleich kann den Stress erhöhen.
- **Flucht oder Verdrängung:** Neigst du dazu, Stress zu verdrängen oder durch Ablenkung (z.B. durch exzessives Fernsehen, soziale Medien, Essen) zu ignorieren? Das kann langfristig zu mehr Stress führen.

8. Professionelle Hilfe in Anspruch nehmen

- **Therapie oder Coaching:** Wenn du Schwierigkeiten hast, deine Stressquellen selbst zu erkennen oder zu bewältigen, kann es hilfreich sein, mit einem Therapeuten oder Coach zu sprechen. Sie können dir helfen, tieferliegende Ursachen zu identifizieren und gezielte Strategien zur Stressbewältigung zu entwickeln.

Durch eine Kombination dieser Schritte kannst du ein besseres Verständnis für die Stressquellen in deinem Leben entwickeln und gezielt daran arbeiten, sie zu reduzieren oder effektiver damit umzugehen.

Notiz-Platz für dich :

Zu guter Letzt - sei du selbst

„Sei du selbst" ist ein kraftvoller Rat, der bedeutet, authentisch zu sein und sich nicht zu verstellen, um den Erwartungen anderer zu entsprechen. Es geht darum, sich selbst zu akzeptieren, mit allen Stärken und Schwächen, und die eigene Identität zu leben.

Stress ist ein komplexes Phänomen, das viele Facetten hat. Oft wird Stress als etwas Negatives wahrgenommen, doch es gibt auch positive Aspekte. Stress kann uns motivieren, unsere Leistung zu stei gern und Herausforderungen zu meistern.

Die **verborgene Wahrheit** über Stress liegt darin, dass er nicht nur eine Reaktion auf äußere Belastungen ist, sondern auch von unserer Wahrnehmung und unseren Bewältigungsmechanismen abhängt. Was für den einen stressig ist, kann für den anderen eine spannende Herausforderung darstellen. Es ist immer eine Einstellung, wie man dem « Stress » gegenübersteht. Nach welchen Regeln soll er spielen? Langfristiger Stress kann jedoch gesundheitliche Probleme verursachen, sowohl körperlich als auch psychisch.

Es ist wichtig, Strategien zur Stressbewältigung zu entwickeln, wie z.B. Entspannungstechniken, regelmäßige Bewegung und soziale Unterstützung.

Letztlich ist es entscheidend, ein Gleichgewicht zu finden und zu erkennen, wann Stress produktiv ist und wann er uns schadet.

Warum ist es wichtig, du selbst zu sein?

- **Authentizität:** Wenn du dich so zeigst, wie du wirklich bist, ziehst du Menschen und Situationen an, die wirklich zu dir passen.
- **Selbstvertrauen:** Wer zu sich selbst steht, stärkt sein Selbstbewusstsein und kann sicherer durch das Leben gehen.
- **Ehrlichkeit:** Sich selbst treu zu bleiben, führt zu aufrichtigeren Beziehungen, da du keine Rolle spielst.

Wie kannst du „du selbst sein"?

- **Selbstreflexion:** Finde heraus, was dir wirklich wichtig ist und welche Werte du lebst.
- **Grenzen setzen:** Lerne, „Nein" zu sagen, wenn etwas nicht zu dir passt.
- **Umgebe dich mit den richtigen Menschen:** Suche den Kontakt zu Menschen, die dich so akzeptieren, wie du bist.
- **Akzeptiere deine Fehler:** Niemand ist perfekt. Es ist okay, Schwächen zu haben und aus Fehlern zu lernen.

„Sei du selbst" bedeutet, dass du die Person bist, die du wirklich bist, ohne dich zu verstellen, um anderen zu gefallen. Es ist ein Aufruf zur Selbstakzeptanz und Authentizität.

In meinem Buch **„Dein Wert bist du"** erkläre ich genau, wie du deinen Selbstwert erkennst und stärken kannst.

Ein gutes Mindset zu entwickeln ist entscheidend für persönliches Wachstum, Erfolg und Zufriedenheit im Leben. Ein Mindset ist die Art und Weise, wie du über dich selbst, deine Fähigkeiten und die Welt um dich herum denkst. Hier sind einige Schritte, die dir helfen können, ein positives und starkes Mindset zu entwickeln:

1. Selbstreflexion

- **Selbstbewusstsein steigern:** Nimm dir Zeit, um über deine Gedanken, Überzeugungen und Verhaltensmuster nachzudenken. Verstehe, wie sie dein Leben beeinflussen.
- **Erkenne begrenzende Glaubenssätze:** Identifiziere negative Überzeugungen, die dich zurückhalten, und ersetze sie durch positivere und realistischere Überzeugungen.

2. Wachstumsorientiertes Denken (Growth Mindset)

- **Lerne aus Fehlern:** Sieh Fehler als Lernmöglichkeiten und nicht als Misserfolge. Jeder Fehler ist eine Chance, zu wachsen.
- **Herausforderungen annehmen:** Betrachte Herausforderungen als Chancen, deine Fähigkeiten zu erweitern und zu verbessern.
- **Anstrengung wertschätzen:** Verstehe, dass Erfolg durch harte Arbeit, Beharrlichkeit und kontinuierliches Lernen erreicht wird.

3. Positives Denken

- **Fokus auf das Positive:** Trainiere deinen Geist, sich auf das Gute in Situationen zu konzentrieren. Das bedeutet nicht, negative Dinge zu ignorieren, sondern sie konstruktiv zu betrachten.
- **Dankbarkeit üben:** Führe ein Dankbarkeitstagebuch, in dem du täglich notierst, wofür du dankbar bist. Das hilft, eine positive Sichtweise zu fördern.

4. Selbstvertrauen aufbauen

- **Stärken erkennen:** Mache dir deine Fähigkeiten und Erfolge bewusst. Nutze sie als Grundlage, um Selbstvertrauen aufzubauen.
- **Selbstakzeptanz:** Akzeptiere dich selbst mit all deinen Stärken und Schwächen. Niemand ist perfekt, und das ist in Ordnung.

5. Zielsetzung

- **Klare Ziele setzen:** Setze dir klare, erreichbare Ziele, die dir Orientierung und Motivation geben. Große Ziele kannst du in kleinere, machbare Schritte unterteilen.
- **Visualisierung:** Stelle dir vor, wie du deine Ziele erreichst. Dies hilft, eine positive Einstellung zu entwickeln und dich auf den Erfolg zu konzentrieren.

6. Resilienz entwickeln

- **Umgang mit Rückschlägen:** Lerne, mit Rückschlägen umzugehen und dich davon nicht entmutigen zu lassen.

Resilienz hilft dir, stärker aus Herausforderungen hervorzugehen.

- **Stressbewältigung:** Entwickle Strategien, um mit Stress umzugehen, z. B. durch Entspannungstechniken, Sport oder das Sprechen mit Freunden.

7. Umfeld gestalten

- **Positive Einflüsse suchen:** Umgebe dich mit Menschen, die dich unterstützen und inspirieren. Ein unterstützendes Umfeld kann dein Mindset erheblich beeinflussen.
- **Negative Einflüsse minimieren:** Reduziere den Kontakt zu Personen oder Situationen, die dein Selbstwertgefühl oder deine positive Einstellung untergraben.

8. Kontinuierliches Lernen

- **Offenheit für Neues:** Sei bereit, ständig zu lernen und dich weiterzuentwickeln. Ein neugieriger Geist fördert ein wachstumsorientiertes Mindset.
- **Lektüre und Bildung:** Lies Bücher, höre Podcasts oder besuche Seminare, die dein Denken erweitern und dich inspirieren.

9. Selbstdisziplin und Gewohnheiten

- **Gesunde Routinen:** Entwickle tägliche Gewohnheiten, die dein Mindset stärken, wie regelmäßiges Training, Meditation oder Zielplanung.
- **Dranbleiben:** Selbstdisziplin ist entscheidend, um ein gutes Mindset zu entwickeln und beizubehalten. Bleibe

konsequent bei deinen neuen Denkmustern und
Gewohnheiten.

10. Selbstfürsorge

- **Achte auf dein Wohlbefinden:** Ein gutes Mindset
  erfordert auch körperliche und emotionale Gesundheit.
  Achte auf ausreichend Schlaf, gesunde Ernährung und
  regelmäßige Bewegung.
- **Pausen machen:** Gönne dir regelmäßig Pausen und Zeit für
  Erholung, um geistig fit zu bleiben.

Ein gutes Mindset entsteht nicht über Nacht, sondern ist das Ergebnis kontinuierlicher Arbeit an sich selbst. Mit der Zeit wird es dir helfen, Herausforderungen besser zu meistern, positiver zu denken und insgesamt ein erfüllteres Leben zu führen.

Du hast es geschafft

DU hast den letzten Schritt auf dieser Reise gemacht.Sei stolz auf dich! Doch wie wir gelernt haben, ist das Ende eines Weges oft nur der Beginn eines neuen. Stress ist ein ständiger Begleiter in unserem Leben, aber er muss nicht unser Leben bestimmen. Indem du diesen Ratgeber zur Hand genommen hast, hast du den ersten und wichtigen Schritt getan: Du hast dich entschieden, deinem Stress den Kampf anzusagen.

Vielleicht hast du auf diesen Seiten etwas gefunden, dass dich inspiriert hat, oder vielleicht hast du deine neue Perspektive auf ein altbekanntes Problem gewonnen. Manchmal kommen einem ja spontan Dinge in den Sinn beim Lesen. Diese solltest du bewusst anpacken – am Besten notieren. Dies ist deine Aufgabe.

Was auch immer du mitgenommen hast, sei dir bewusst: Du hast die Macht, dein Leben zu verändern. Es wird Rückschläge geben, es wird Tage geben, an denen sich der Stress wieder in den Vordergrund drängt. Doch du bist jetzt besser gerüstet, ihm zu begegnen und ihn zurückzudrängen. **Dieses Leben lebst nur du**!

Vergiss nicht, dass du nicht allein bist. Millionen von Menschen kämpfen täglich den selben Kampf. Jeder mit seinem eigenen Päckchen, welches er trägt. Es ist ein ständiges Wachsen und Lernen, es erfordert viel Mut, Geduld und Entschlossenheit.

Aber du hast nun Werkzeuge, Strategien und vor allem die Überzeugung, dass du es schaffen kannst. Und solltest du anfangs keine - deiner Meinung nach- guten Ergebnisse erzielen, so quäle dich nicht, sondern denke dran am Ball zu bleiben – Übung macht den Meister und Wiederholung (Übungen) ist die Mutter der Weisheit.

Nimm dir die Zeit für dich selbst, erkenne deine Erfolge an – auch die kleinen – und erinnere dich daran, warum du diese Reise begonnen hast. Du verdienst ein Leben, das nicht vom Stress dominiert wird, sondern in dem du die Kontrolle hast.

Dein Stress, deine Regeln!

Danke, dass du diesen Weg mit mir gegangen bist. Ich hoffe, dass du auch in Zukunft die Kraft findest, dem Stress nach deinen Reglen zu meistern und dein Leben so zu leben, wie du es dir wünscht.

Passt auf dich auf und denk daran, dass du nicht allein bist!

Herzlichst,
Deine Nicole

Danksagung

An dieser Stelle möchte ich meinen herzlichsten Dank aussprechen. Mein Dank gilt allen, die mich auf diesem Weg unterstützt und inspiriert haben. Ein besonderer Dank geht an meine Familie und Freunde, die mir stets den Rücken gestärkt und mir Mut gemacht haben, meine Gedanken und Erfahrungen zu teilen. Danke auch dem Stress, der mir ein großer Lehrmeister war, der mich zum Umdenken anregte und hat Anti-Stress-Strategien hat suchen und finden lassen. Danke auch, an meine Klienten aus dem Coaching und des täglichen Lebens, weil mit ihnen konnte ich gemeinsam lernen.

Ich möchte auch den Experten und Fachleuten danken, deren wertvolle Einsichten und Ratschläge also in meinen Erfahrungen erprobten in diesem Ratgeber eingeflossen sind. Eure Expertise hat mir geholfen, komplexe Themen verständlich zu machen und praktische Lösungen nieder zu schreiben.

Ein großes Dankeschön gebührt auch den Lesern. Euer Interesse und eure Bereitschaft, an eurer persönlichen Entwicklung zu arbeiten, motivieren mich, weiterhin hilfreiche Inhalte zu schaffen.
Ich hoffe, dass dieser Ratgeber euch auf eurem Weg zu einem erfüllteren und stressfreieren Leben unterstützen kann.

Vielen Dank für eure Unterstützung und euer Vertrauen !

Buchempfehlung : « **Dein Wert bist du** »

- **ISBN** 9783759729729

Autorenseite : https://nicole-jung.de